AF232200

DISCOURS

SUR

LHOMOND

DISCOURS

SUR

LHOMOND

PRONONCÉ

LE LUNDI 27 JUILLET 1868

A LA DISTRIBUTION SOLENNELLE DES PRIX DES PETITS-SÉMINAIRES

à La Chapelle - Saint - Mesmin

PAR M. RENAUDIN

CHANOINE, SUPÉRIEUR DU PETIT-SÉMINAIRE DE SAINTE-CROIX

ORLEANS

IMPRIMERIE ERNEST COLAS

VIS-A-VIS DU MUSÉE

—

1868

DISCOURS

SUR

LHOMOND

——————◇◇◇❈◇◇◇——————

Monseigneur,
Messieurs,

Il y a quelques années, une petite ville et une grande ville du département de la Somme, Chaulnes et Amiens, se disputèrent l'honneur d'élever une statue à un prêtre vertueux qui avait été à la fois un habile grammairien, un professeur distingué, un savant modeste, et l'un des bienfaiteurs les plus intelligents et les plus dévoués de l'enfance, au bon et sage Lhomond. C'était justice : sans faire de bruit dans le monde, Lhomond a bien mérité de la patrie ; et la pierre et le marbre ne faisaient que traduire le sentiment profond d'estime, de vénération et de reconnaissance qu'il inspire à tous ceux qui étudient sa vie et ses œuvres, à ceux surtout qui, voués à l'éducation de la jeunesse, peuvent apprécier ce qu'il y eut d'héroïque dans son humble professorat, et les services qu'il rend encore.

Monseigneur, permettez-moi de le dire et de vous en remercier, depuis longtemps j'ai l'avantage de le voir de près et de vivre avec lui. Aussi, j'ai voulu aujourd'hui, et c'est là toute ma pensée, lui payer mon tribut d'hommage, si faible qu'il fût, comme à un des meilleurs amis de nos enfants et des meilleurs modèles de leurs maîtres.

Je le ferai en disant simplement ce que j'ai pu recueillir de cette vie si modeste, mais si belle devant Dieu et devant les hommes qui comprennent le dévouement.

Charles-François Lhomond naquit à Chaulnes, en Picardie, l'an 1727, d'un *tabellion de grande droiture et de petites ressources*. Ses premières années se passèrent sous la direction de la tendresse et de la piété maternelles : peut-il en être une meilleure pour un tout jeune enfant? Quand il eut, à cette douce école, appris à lire et à écrire, et reçu les premières impressions de la vertu, il fut confié à son oncle, prêtre vénérable, qui exerçait le saint ministère dans une paroisse du voisinage. C'était après l'école maternelle et avant l'école publique, l'école presbytérale; heureuse transition, école excellente! Grâces à Dieu, les traditions n'en sont pas perdues. Puissamment encouragée, elle est vivante parmi nous, et chaque année nous pouvons en apprécier les immenses avantages. Là, sous un toit modeste, dans le calme et le silence des champs, l'enfant reçoit des leçons qui sont entièrement pour lui et qui se prêtent à la mesure et au développement de son intelligence, tandis que son cœur se forme au contact du dévouement sacerdotal qu'il voit tous les jours en action et dont il a sa large part. C'est là que le jeune Lhomond commença à aimer la simplicité et la modestie qui devinrent plus tard ses chères et inséparables compagnes, et que fut déposé dans son âme, comme une semence féconde, l'attrait de ce dévouement sans éclat qui remplit sa vie tout entière.

Ses progrès dans les éléments des lettres y furent sûrs et rapides, et bientôt une bourse sollicitée et obtenue au collége d'Inville lui permit d'aller continuer ses études à Paris.

Je serais heureux, mes chers enfants, de vous redire en détail sa vie d'écolier; mais tout ce que j'ai pu en apprendre, c'est qu'il avait une grande pénétration d'esprit, et qu'il donna toujours l'exemple de la régularité, du travail et de la piété. S'il eût vécu de nos jours et au milieu de vous, il eut été, sans aucun doute, inscrit chaque mois au tableau d'honneur, comme les plus laborieux et les plus sages d'entre vous.

Dès cette époque, son désir le plus ardent, son vœu le plus cher était de se consacrer à Dieu en recevant les saints Ordres. C'était pour lui l'appel d'en haut : Dieu l'avait marqué de bonne heure du signe dont il marque ses prêtres. Ses études littéraires terminées, il fit donc sa théologie en Sorbonne et commença sa licence.

A peine promu au Sacerdoce, il fut choisi pour diriger, comme Principal, le collége qui l'avait reçu comme boursier. C'était pour lui une bonne fortune, ou plutôt une occasion providentielle ; il la saisit avec empressement. On est si heureux en pareil cas — je puis bien l'affirmer — on est si heureux de pouvoir payer ainsi la dette de sa reconnaissance, et de mettre tout son dévouement et tout son cœur à rendre ce qu'on a reçu!

Mais bientôt le collége d'Inville, comme plusieurs autres petits colléges, fut supprimé au profit des colléges de plein exercice, et Lhomond dut quitter l'asile de sa jeunesse, ce cher asile qu'il avait retrouvé avec tant de bonheur. Il ne le fit pas sans de profonds regrets ; et il ne s'en consola, qu'en acceptant une chaire de sixième au collége du cardinal Lemoine, et en consacrant aux plus jeunes élèves vingt ans de sa vie, et tout ce que Dieu avait mis en lui d'intelligence et d'amour. Nous allons le voir à l'œuvre.

Pour ceux qu'il appellera désormais *ses chers sixièmes*, il crée une méthode d'enseignement. *L'esprit de l'enfant est un vase à étroite embouchure : la science n'y peut pénétrer que goutte à goutte.* Il n'y fait donc entrer les idées que une à une, et encore après les avoir ramenées à leur plus simple et plus lucide expression. C'est là le caractère de son enseignement : il est clair et méthodique avant tout. Il le fait aimer, en faisant aimer celui qui le donne ; et pour se faire aimer, il aime le premier : *Si vis amari, ama.*

Son amour a quelque chose de tendre comme l'amour maternel : *Ses leçons n'ont qu'un but*, dit-il lui-même : *rendre l'enfance plus sage, plus instruite et plus heureuse, en épargnant à cet âge aimable une partie des larmes que les premières études font couler*. N'est-ce pas ainsi que sentent et que parlent les mères ?

Son amour, c'est l'amour d'une âme patriotique et chrétienne. *Pour lui, l'enfance est un dépôt précieux dont on doit rendre compte à Dieu et à la Patrie.* Belle parole qui se trouve souvent sur ses lèvres, parce que le sentiment qu'elle exprime est toujours au plus intime de son cœur !

Son amour, c'est l'amour d'un prêtre selon le cœur du Dieu qui a tant aimé les enfants : il est fort contre la séduction des honneurs, fort contre le temps lui-même. Lhomond appartient à la fois au Clergé et à l'Université de France. Au prêtre de science et de vertu, on offre d'une part les dignités et les bénéfices de l'Eglise : au professeur distingué, on offre de l'autre les premières chaires de l'Enseignement public. Il répond à toutes ces offres honorables par un refus constant, *se trouvant trop honoré d'être appelé à faire germer dans les cœurs des plus jeunes enfants les premières semences de la vertu.* La belle âme de Lhomond est là tout entière.

Et cet amour si tendre, si élevé, si plein d'abnégation, vingt ans d'un laborieux professorat ne l'ont pas épuisé.

Devenu justement émérite, Lhomond ne cesse pas d'aimer *ses chers enfants, ses chers sixièmes ;* il les porte toujours dans son cœur, et c'est à eux qu'il consacre son repos et ses loisirs. Il ne peut plus être leur professeur : il se fait pour eux écrivain. Ce qu'il cherche, ce n'est pas d'arriver à la renommée et à la gloire : il en a peur ; c'est d'aider encore au développement de leurs jeunes intelligences, et de faire du bien à leurs âmes qui lui sont toujours si chères. Ah ! il pouvait bien, lui aussi, dire cette parole de saint et profond amour qui retentissait naguère dans une illustre enceinte, et qui retentit encore dans tous nos cœurs : *L'éducation de la jeunesse a été la première affection de ma vie : elle en sera la dernière.*

Il compose d'abord ses deux grammaires, française et latine. C'est la rédaction de son enseignement oral , et comme la mise en pages des dictées faites à ses élèves. Ces deux ouvrages ont été bien des fois reproduits, imités, retouchés, critiqués même ; mais sans entrer ici dans l'examen d'une question délicate, je constaterai certains faits qui ne me paraisssent pas sans valeur : c'est que, malgré tout, ces livres ont gardé dans un grand nombre de maisons d'éducation, leur antique privilége d'instruire l'enfance ; c'est que la plupart de ceux qui ont voulu les retoucher et les compléter, ne l'ont fait qu'en les respectant, et en abritant leur travail sous le nom et l'autorité de Lhomond ; c'est que la plupart de ceux qui ont voulu les remplacer par leurs propres ouvrages, ont manqué complètement le but : ils ont été savants, quand ils devaient être élémentaires avant tout : c'est qu'enfin un arrêté ministeriel traçant le plan d'Études à suivre dans l'Enseignement public et désignant à chaque classe les livres obligatoires , ne donne pas d'autres grammaires que les deux grammaires de Lhomond aux élèves des premières divisions, jusqu'à la classe de quatrième inclusivement ; et je ne sache pas que cet arrêté, signé du nom d'un de nos derniers ministres, ait été rapporté.

Je m'arrête à cet hommage solennel : il n'est certes pas immérité. Les grammaires de Lhomond ont créé une chose inconnue avant elles : la simplicité dans l'enseignement grammatical ; c'est un mérite qu'on ne leur ôtera jamais. Elles ont éminemment les qualités propres de l'esprit français, la mesure et la clarté. Faites pour les enfants, elles les instruisent sans les fatiguer et les effrayer. Les règles s'y traduisent par des exemples toujours faciles à retenir et souvent empreints d'une aimable bonhomie, sans prétention scientifique aucune. Or, c'est ce qu'il faut à l'enfant : il a toujours peur de l'appareil de la science ; et il n'aime pas les gros livres, quand il faut les apprendre. Une mère me disait un jour, en me parlant de son jeune enfant : on a donné à mon fils une nouvelle grammaire : elle est peut-être bien faite ; mais il la trouve bien difficile : il ne peut pas l'apprendre, et il pleure ; au moins celle de Lhomond ne le faisait pas pleurer. Ce mot n'est-il pas tout un argument et tout un éloge ?

A ces deux ouvrages, Lhomond en ajoute bientôt deux autres non moins élémentaires et non moins estimables. D'abord, une petite histoire sainte sous ce titre : *Epitome historiæ sacræ*. Je me réjouis toujours quand il s'agit de le donner à nos jeunes latinistes. Quel bonheur pour eux, après un grand examen sur toutes les déclinaisons et toutes les conjugaisons, de le voir apporté et distribué solennellement ! C'est le premier auteur latin ; c'est la récompense de leur travail ; et puis, pour me servir de leur naïve expression, ce n'est pas difficile. C'est en effet la transition intelligente du français au latin. La phrase d'abord simple comme une phrase française, arrive graduellement à la marche latine, et l'expression est toujours d'une propriété irréprochable.

Ensuite le *De Viris* d'une latinité plus forte. Cet ouvrage comble une lacune indiquée par Rollin : c'est proprement le livre de la sixième : histoire intéressante d'un grand peuple personnifié dans ses grands hommes, histoire qu'il faut connaître même au point de vue chrétien, puisque la Rome des Rois, des Consuls et des Césars devait aboutir à la Rome des Papes, et que son nom d'Éternelle n'a de sens que par là. Écrite sous l'inspiration et presque avec le style des grands historiens latins, elle prépare admirablement à les étudier eux-mêmes dans les classes plus élevées.

Dans ces ouvrages, Lhomond s'adresse surtout à l'intelligence des enfants. Il ne peut pas, en travaillant pour eux, oublier leur cœur. Il est effrayé du déluge de livres impies dont la prétendue philosophie du xviiie siècle inonde le public, et pour les préserver du funeste poison de l'erreur, il compose trois autres ouvrages : *La Doctrine chrétienne, l'Histoire abrégée de la Religion, et l'Histoire abrégée de l'Eglise*. C'est un cours complet de religion mis à la portée de la jeunesse et destiné à la lui faire connaître et aimer.

Il la montre *divine* dans ses dogmes et dans sa morale qu'il expose tantôt avec la gravité, la force et presque la majesté de Bossuet, son maître et son modèle ; tantôt avec la simplicité, la douceur, l'onction et la tendre piété de Fénelon qui partageait avec Bossuet ses affections et son temps.

Il la montre, avant la venue de J.-C., *divine* dans son origine et ses développements, dans ses figures qui toutes se réalisent, dans ses prophéties qui toutes s'accomplissent. On le sent : c'est Dieu lui-même qui dispose tout dans le monde pour l'avénement de son Fils.

Il la montre, après la venue de J.-C., *divine* dans l'Eglise qu'il a fondée. Là encore, il fait sentir que Dieu est avec elle et qu'elle a les promesses de la vie éternelle. Il redit tour à tour ses luttes contre les Césars qui veulent la noyer dans le sang de ses enfants, contre les hérésies qui la déchirent, contre les scandales qui la désolent, pour nous la montrer triomphant enfin de tous ses ennemis, et demeurant inébranlable sur sa pierre plus immobile que celle du Capitole, tandis qu'autour d'elle tout tombe, tout passe, tout périt.

Dieu seul sait tous les services que ces ouvrages, véritables chefs-d'œuvre dans leur genre, ont rendus à la jeunesse et même à un âge plus avancé et plus mûr.

Au milieu de tous ces travaux, nous retrouvons dans la vie privée de Lhomond toutes les vertus de sa vie publique.

C'était la même modestie. Professeur justement estimé, il répondait autrefois aux félicitations que lui valaient les succès de ses élèves : *Je ne leur ai rien appris, si ce n'est à apprendre.* Devenu pour eux écrivain, il ignorait seul le mérite de ses livres.

C'était le même amour de la médiocrité. Au collége du cardinal Lemoine, il avait craint d'*être trop riche pour un prêtre,* et il avait renoncé à sa pension d'ex-principal, pour se contenter de ses honoraires de professeur de sixième. Vingt ans plus tard, l'Assemblée générale du Clergé de France, pénétrée d'admiration pour son long dévouement à l'enfance, lui ayant fait remettre, avec une adresse flatteuse, une somme considérable, il ne s'en servit pas pour dorer sa médiocrité : il la consacra tout entière à la première édition de sa grammaire latine.

C'était la même simplicité dans ses vêtements, dans ses meubles, dans ses relations, dans ses goûts.

Son grand délassement était une promenade qu'il faisait tous les jours, n'importe par quel temps, de Paris à Sceaux. Toute sa santé était là, disait-il ; et pour en utiliser les instants, il la faisait en herborisant. Il suivait ainsi cette voie semée de fleurs, dont parlait si gracieusement ici, à pareil jour, un des plus nobles et des plus aimables représentants de la science ; et comme lui, il s'en trouvait bien. C'était pour son âme simple et pure encore un moyen de s'élever à Dieu, dont il retrouvait la puissance et la bonté, jusque dans l'herbe des champs.

Et ici, je ne puis résister au plaisir de redire un trait que je trouve dans une vie unie à la sienne. C'est un épisode qui a son charme et aussi sa portée.

Dieu n'avait pas refusé au bon Lhomond les douces et saintes joies de la véritable amitié. Il lui avait donné un ami vraiment digne de ce nom, l'abbé Haüy, d'abord son élève, puis son confrère dans le sacerdoce et le professorat. Ordinairement, ils faisaient ensemble la promenade de Sceaux ; mais l'abbé Haüy ne connaissait pas même l'*abc* de la botanique ; et quand Lhomond qui avait acquis dans cette science des connaissances étendues, se mettait à herboriser, les deux amis souffraient de ne plus se comprendre. L'abbé Haüy résolut d'en finir avec ce malaise, et de faire à son ami une grande surprise. Il alla, pendant ses vacances, s'enfermer au monastère de Saint-Just où il avait été élevé ; et là, sous la direction d'un moine, botaniste habile, il se mit sérieusement à l'œuvre. Quand les deux amis se retrouvèrent, et reprirent leur promenade quotidienne, l'abbé Haüy avec une simplicité qui n'était pas sans malice, proposa à Lhomond de partager ses recherches et ses études, et, à sa grande stupéfaction, il nomma par leurs noms, et classa, d'après leur structure et leurs caractères, toutes les plantes qu'ils rencontrèrent sur leur chemin. Il y eut là entre les deux amis un moment de grand bonheur ; mais je ne sais lequel fut le plus heureux de celui qui faisait la surprise, ou de celui qui en était l'objet. On prétend que ce fut cette circonstance qui acquit à la science l'abbé Haüy, devenu plus tard si célèbre, et l'on s'accorde généralement à faire honneur à Lhomond de cette belle et riche acquisition.

Bientôt vinrent les jours de nos malheurs : nous les retrouvons encore tous les deux ; mais cette fois dans les prisons où l'on entassait les suspects de cette époque. L'abbé Haüy fut réclamé par l'Académie des sciences , dont il était un des membres les distingués, et rendu à la liberté et à ses travaux. Une fois délivré, il mit tout en œuvre pour délivrer son ami ; et ce fut d'après ses démarches , que Tallien qui avait été l'élève de Lhomond et qui lui gardait un souvenir reconnaissant, lui fit donner un certificat de civisme.

Quelque temps après, ne se croyant plus en sûreté dans une ville où régnait la Terreur, Lhomond voulut se réfugier à Chaulnes, son pays natal. Il réalisa donc, comme il put, son modique avoir, et partit. Mais aux portes mêmes de Paris, deux hommes indignes de l'uniforme militaire dont ils étaient revêtus, l'attaquèrent ; et, après lui avoir tout pris, le laissèrent pour mort. Un d'eux fut arrêté, et, par l'intervention d'un ami puissant, Lhomond retrouva une partie de l'argent qu'il avait perdu. On le pressait de poursuivre le coupable : *Je n'en ferai rien*, répondit-il. *Si vous vouliez même lui faire tenir la moitié de la somme qu'il m'a laissée, vous m'obligeriez : il peut en avoir besoin.* C'est ainsi qu'il entendait la vengeance, à l'exemple de Celui qui, sur la croix, priait et mourait pour ses bourreaux.

Lhomond ne survécut pas longtemps à cet attentat. L'émotion qu'il avait éprouvée réveilla en lui de vieilles infirmités ; une longue et douloureuse maladie s'ensuivit ; et ce grand homme de bien rendit sa belle âme à Dieu le dernier jour de l'an 1794 , regrettant humblement et tristement *de n'avoir pas été jugé digne de la couronne du martyre.*

En terminant, et comme conclusion de ce discours, j'émettrai trois vœux qui auront, j'en suis sûr, un écho dans tous les cœurs.

D'abord, que cette noble génération des grands éducateurs chrétiens de la jeunesse dont font partie les Rollin et les Lhomond — je pourrais citer d'autres noms encore; mais je les tairai aujourd'hui, parce que, grâces en soient rendues à Dieu, ils n'appartiennent pas à l'histoire du passé — que cette noble génération ne s'éteigne pas parmi nous! Qu'elle y ait toujours ses représentants, pour défendre les saines doctrines de l'éducation, et maintenir les antiques traditions des études classiques et chrétiennes !

Ensuite, que ceux qui enccuragés par leur parole et leur exemple, consacrent à l'enfance leurs soins, leur amour et leur vie, ne soient pas enlevés à la fleur de l'âge, victimes de leur saint et modeste dévouement ! Mes chers enfants, je ne voudrais jeter aucune tristesse sur ce jour de fête; mais quand deux maisons vivant des mêmes inspirations n'ont qu'un cœur et qu'une âme, les peines doivent y être communes comme le sont les joies; et c'est pour cela que je veux, même aujourd'hui, déposer au nom de tous, sur une tombe à peine fermée un hommage de regrets, d'affection et de reconnaissance.

Enfin, et on me pardonnera de vous donner ma dernière pensée, c'est que vous, mes chers enfants, vous traitiez toujours comme de bons et véritables amis ceux qui dans le passé ont tant fait pour la jeunesse; que vous aimiez leur commerce; que vous recherchiez leur conversation dans ces livres admirables qu'ils ont laissés pour éclairer vos esprits et faire du bien à vos âmes! C'est aussi qu'en honorant vos amis des temps passés, vous n'oubliez pas que vous avez dans vos maîtres vos amis du temps présent! Après Dieu et vos chers parents, j'affirme que vous n'en trouverez jamais de meilleurs.

Orléans. — Imp. Ernest Colas.

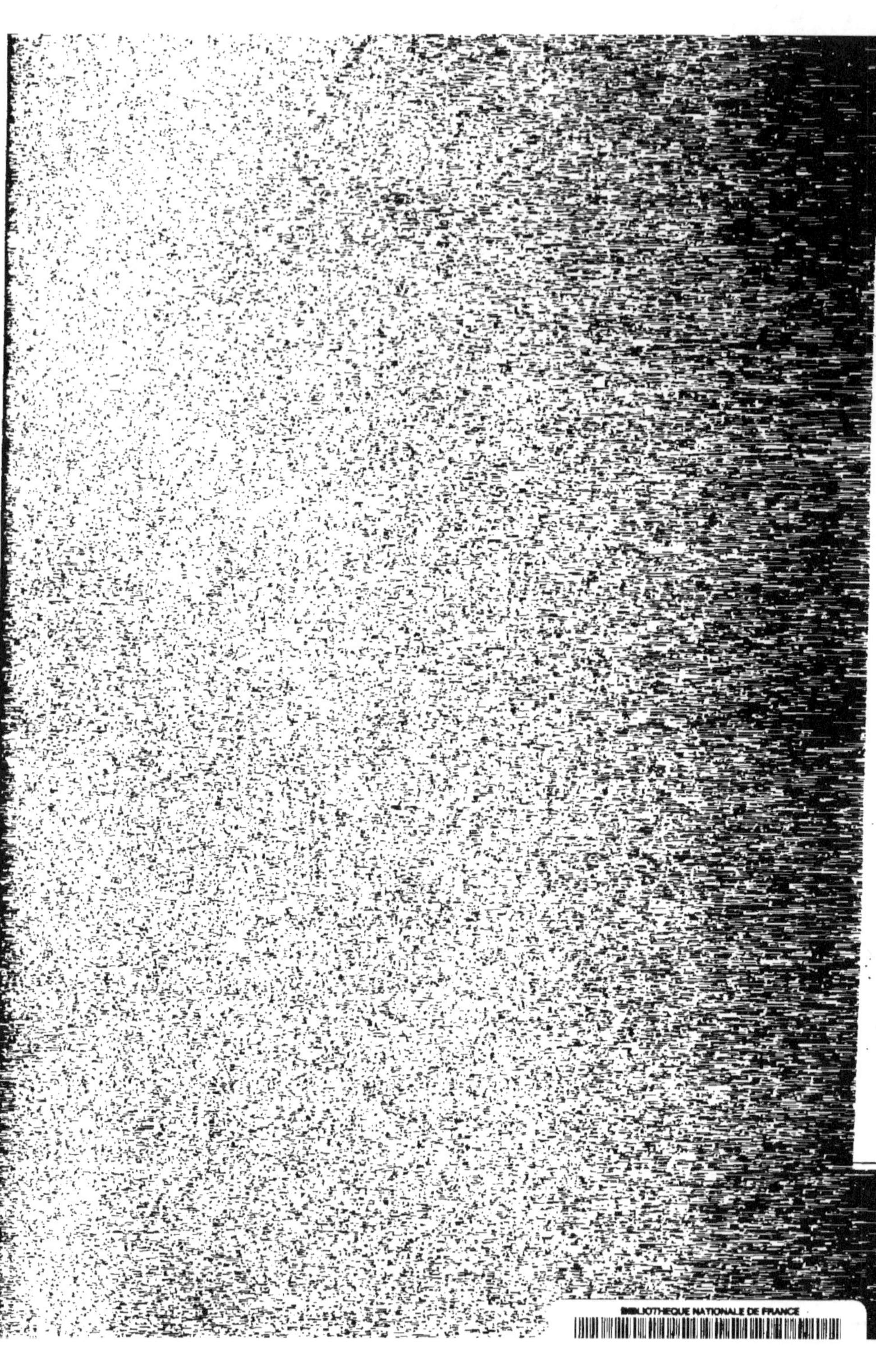